Penmanship Practice

(Print)

Julie Gibbons

THE MOM
JOURNALS
PUBLISHING

This Journal Belongs To

____

____

a b c d e f g h i j k l m
n o p q r s t u v w x y z

0 1 2 3 4 5 6 7 8 9

A B C D E F G H I J K L M
N O P Q R S T U V W X Y Z

the quick brown fox
jumps over the lazy dog

Penmanship Practice Benefits:

1. Similar to meditation, neural activity is sparked in the brain.

2. Improved learning and memory.

3. Improved mindfulness.

4. Improved confidence.

5. Improved dexterity.

6. Can help with Depression, Anxiety, ADD and Dyslexia.

7. More people can understand your writing.

There is a peace that you experience when you have to focus on something. Even if it's as simple as learning how to write in a different style. It can be very therapeutic.

In order to improve handwriting, you must go very slowly. You must focus, be present, and intentional with every movement.

Practice Tips:

1. Start slow and learn one lettering style at a time.

2. Just as in school, write the same letter over and over again. The key is to go very slowly. You are not in a hurry. Stop after each letter, compare it to the reference, and see where you need to improve.

3. After you have practiced enough and feel confident, practice by writing some quotes or some thoughts.

4. Enjoy this process. Be patient with yourself because it takes some time for your muscle memory to be replaced by something else. Everything will come more naturally the more you do it.

5. Even though it's sometimes hard, the key is to go slowly, especially at first.

6. You do not need to fill in these pages in order. Do some lettering practices, then move onto journaling or quotes. Go back to lettering if you need more practice.

"Before" Reference Page

On the right page, copy the
following text to see what your
natural writing style is before
practicing your penmanship. Write
as legibly as you would naturally
write.

When one door of happiness
closes, another opens, but often
we look so long at the closed door
that we do not see the one that
has been opened for us.

- Helen Keller

Before Date:

"After" Reference Page

On the right page, copy the
following text to see if your writing
style has changed. Write as legibly
as you would naturally write.

When one door of happiness
closes, another opens, but often
we look so long at the closed door
that we do not see the one that
has been opened for us.

- Helen Keller

After Date:

We do not practice to become perfect. We practice to be able to recover more quickly from our mistakes.

- Paul Grilley

abcdefghijklm

a
b
c
d
e
f
g
h
i
j
k
l
m

n o p q r s t u v w x y z

n
o
p
q
r
s
t
u
v
w
x
y
z

abcdefghijklm

a

b

c

d

e

f

g

h

i

j

k

l

m

n o p q r s t u v w x y z

n

o

p

q

r

s

t

u

v

w

x

y

z

A B C D E F G H I J K L M

A A A A A A A A A

B B B B B B B B B

C C C C C C C C C

D D D D D D D D D

E E E E E E E E E

F F F F F F F F F

G G G G G G G G G

H H H H H H H H H

I I I I I I I I I

J J J J J J J J J

K K K K K K K K K

L L L L L L L L L

M M M M M M M M M

N O P Q R S T U V W X Y Z

N N N N N N N N N N

O O O O O O O O O O O

P P P P P P P P P P P

Q Q Q Q Q Q Q Q Q Q

R R R R R R R R R R R

S S S S S S S S S S S

T T T T T T T T T T T

U U U U U U U U U U U

V V V V V V V V V V V

W W W W W W W W W W W

X X X X X X X X X X X

Y Y Y Y Y Y Y Y Y Y Y

Z Z Z Z Z Z Z Z Z Z Z

ABCDEFGHIJKLM

A

B

C

D

E

F

G

H

I

J

K

L

M

N O P Q R S T U V W X Y Z

N

O

P

Q

R

S

T

U

V

W

X

Y

Z

0 1 2 3 4 5 6 7 8 9

0 0 0 0 0 0 0 0 0

1 1 1 1 1 1 1 1 1

2 2 2 2 2 2 2 2 2

3 3 3 3 3 3 3 3 3

4 4 4 4 4 4 4 4 4

5 5 5 5 5 5 5 5 5

6 6 6 6 6 6 6 6 6

7 7 7 7 7 7 7 7 7

8 8 8 8 8 8 8 8 8

9 9 9 9 9 9 9 9 9

10 10 10 10 10 10 10 10 10

11 11 11 11 11 11 11 11 11

12 12 12 12 12 12 12 12 12

0123456789

0   0 0 0 0 0 0 0 0 0

1   1 1 1 1 1 1 1 1 1

2   2 2 2 2 2 2 2 2 2

3   3 3 3 3 3 3 3 3 3

4   4 4 4 4 4 4 4 4 4

5   5 5 5 5 5 5 5 5 5

6   6 6 6 6 6 6 6 6 6

7   7 7 7 7 7 7 7 7 7

8   8 8 8 8 8 8 8 8 8

9   9 9 9 9 9 9 9 9 9

10   10 10 10 10 10 10 10 10

11   11 11 11 11 11 11 11 11

12   12 12 12 12 12 12 12 12

0 1 2 3 4 5 6 7 8 9

0

1

2

3

4

5

6

7

8

9

10

11

12

0 1 2 3 4 5 6 7 8 9

0

1

2

3

4

5

6

7

8

9

10

11

12

the quick brown fox jumps over the lazy dog

the quick brown fox jumps over the lazy dog
the quick brown fox jumps over the lazy dog
the quick brown fox jumps over the lazy dog
the quick brown fox jumps over the lazy dog
the quick brown fox jumps over the lazy dog
the quick brown fox jumps over the lazy dog
the quick brown fox jumps over the lazy dog
the quick brown fox jumps over the lazy dog
the quick brown fox jumps over the lazy dog
the quick brown fox jumps over the lazy dog
the quick brown fox jumps over the lazy dog
the quick brown fox jumps over the lazy dog
the quick brown fox jumps over the lazy dog
the quick brown fox jumps over the lazy dog
the quick brown fox jumps over the lazy dog
the quick brown fox jumps over the lazy dog
the quick brown fox jumps over the lazy dog
the quick brown fox jumps over the lazy dog
the quick brown fox jumps over the lazy dog
the quick brown fox jumps over the lazy dog
the quick brown fox jumps over the lazy dog
the quick brown fox jumps over the lazy dog
the quick brown fox jumps over the lazy dog
the quick brown fox jumps over the lazy dog
the quick brown fox jumps over the lazy dog
the quick brown fox jumps over the lazy dog
the quick brown fox jumps over the lazy dog
the quick brown fox jumps over the lazy dog

a b c d e f g h i j k l m

a   a a a a a a a a

b   b b b b b b b b

c   c c c c c c c c

d   d d d d d d d d

e   e e e e e e e e

f   f f f f f f f f

g   g g g g g g g g

h   h h h h h h h h

i   i i i i i i i i

j   j j j j j j j j

k   k k k k k k k k

l   l l l l l l l l

m   m m m m m m m m

n o p q r s t u v w x y z

n
o
p
q
r
s
t
u
v
w
x
y
z

abcdefghijklm

a
b
c
d
e
f
g
h
i
j
k
l
m

nopqrstuvwxyz

n

o

p

q

r

s

t

u

v

w

x

y

z

ABCDEFGHIJKLM

A A A A A A A A A A

B B B B B B B B B

C C C C C C C C C

D D D D D D D D D

E E E E E E E E E

F F F F F F F F F

G G G G G G G G G

H H H H H H H H H

I I I I I I I I I

J J J J J J J J J

K K K K K K K K K

L L L L L L L L L L

M M M M M M M M M M

N O P Q R S T U V W X Y Z

N
O
P
Q
R
S
T
U
V
W
X
Y
Z

ABCDEFGHIJKLM

A

B

C

D

E

F

G

H

I

J

K

L

M

N O P Q R S T U V W X Y Z

N

O

P

Q

R

S

T

U

V

W

X

Y

Z

0 1 2 3 4 5 6 7 8 9

0   0 0 0 0 0 0 0 0

1   1 1 1 1 1 1 1 1

2   2 2 2 2 2 2 2 2

3   3 3 3 3 3 3 3 3

4   4 4 4 4 4 4 4 4

5   5 5 5 5 5 5 5 5

6   6 6 6 6 6 6 6 6

7   7 7 7 7 7 7 7 7

8   8 8 8 8 8 8 8 8

9   9 9 9 9 9 9 9 9

10   10 10 10 10 10 10 10 10

11   11 11 11 11 11 11 11 11

12   12 12 12 12 12 12 12 12

0123456789

0
1
2
3
4
5
6
7
8
9
10
11
12

0 1 2 3 4 5 6 7 8 9

0

1

2

3

4

5

6

7

8

9

10

11

12

0 1 2 3 4 5 6 7 8 9

0

1

2

3

4

5

6

7

8

9

10

11

12

the quick brown fox jumps over the lazy dog

the quick brown fox jumps over the lazy dog
the quick brown fox jumps over the lazy dog
the quick brown fox jumps over the lazy dog
the quick brown fox jumps over the lazy dog
the quick brown fox jumps over the lazy dog
the quick brown fox jumps over the lazy dog
the quick brown fox jumps over the lazy dog
the quick brown fox jumps over the lazy dog
the quick brown fox jumps over the lazy dog
the quick brown fox jumps over the lazy dog
the quick brown fox jumps over the lazy dog
the quick brown fox jumps over the lazy dog
the quick brown fox jumps over the lazy dog
the quick brown fox jumps over the lazy dog
the quick brown fox jumps over the lazy dog
the quick brown fox jumps over the lazy dog
the quick brown fox jumps over the lazy dog
the quick brown fox jumps over the lazy dog
the quick brown fox jumps over the lazy dog
the quick brown fox jumps over the lazy dog
the quick brown fox jumps over the lazy dog
the quick brown fox jumps over the lazy dog
the quick brown fox jumps over the lazy dog
the quick brown fox jumps over the lazy dog
the quick brown fox jumps over the lazy dog
the quick brown fox jumps over the lazy dog
the quick brown fox jumps over the lazy dog
the quick brown fox jumps over the lazy dog

abcdefghijklm

a
b
c
d
e
f
g
h
i
j
k
l
m

n o p q r s t u v w x y z

n n n n n n n n n n

o o o o o o o o o o

p p p p p p p p p p

q q q q q q q q q q

r r r r r r r r r r

s s s s s s s s s s

t t t t t t t t t t

u u u u u u u u u u

v v v v v v v v v v

w w w w w w w w w w

x x x x x x x x x x

y y y y y y y y y y

z z z z z z z z z z

a b c d e f g h i j k l m

a
b
c
d
e
f
g
h
i
j
k
l
m

nopqrstuvwxyz

n

o

p

q

r

s

t

u

v

w

x

y

z

ABCDEFGHIJKLM

A A A A A A A A A

B B B B B B B B B

C C C C C C C C C

D D D D D D D D D

E E E E E E E E E

F F F F F F F F F

G G G G G G G G G

H H H H H H H H H

I I I I I I I I I

J J J J J J J J J

K K K K K K K K K

L L L L L L L L L

M M M M M M M M M

N O P Q R S T U V W X Y Z

N
O
P
Q
R
S
T
U
V
W
X
Y
Z

ABCDEFGHIJKLM

A

B

C

D

E

F

G

H

I

J

K

L

M

N O P Q R S T U V W X Y Z

N

O

P

Q

R

S

T

U

V

W

X

Y

Z

0   0 0 0 0 0 0 0 0

1   1 1 1 1 1 1 1 1 1

2   2 2 2 2 2 2 2 2

3   3 3 3 3 3 3 3 3

4   4 4 4 4 4 4 4 4

5   5 5 5 5 5 5 5 5

6   6 6 6 6 6 6 6 6

7   7 7 7 7 7 7 7 7

8   8 8 8 8 8 8 8 8

9   9 9 9 9 9 9 9 9

10   10 10 10 10 10 10 10 10

11   11 11 11 11 11 11 11 11

12   12 12 12 12 12 12 12 12

0 1 2 3 4 5 6 7 8 9

0

1

2

3

4

5

6

7

8

9

10

11

12

0 1 2 3 4 5 6 7 8 9

0

1

2

3

4

5

6

7

8

9

10

11

12

0 1 2 3 4 5 6 7 8 9

0

1

2

3

4

5

6

7

8

9

10

11

12

the quick brown fox jumps over the lazy dog

the quick brown fox jumps over the lazy dog
the quick brown fox jumps over the lazy dog
the quick brown fox jumps over the lazy dog
the quick brown fox jumps over the lazy dog
the quick brown fox jumps over the lazy dog
the quick brown fox jumps over the lazy dog
the quick brown fox jumps over the lazy dog
the quick brown fox jumps over the lazy dog
the quick brown fox jumps over the lazy dog
the quick brown fox jumps over the lazy dog
the quick brown fox jumps over the lazy dog
the quick brown fox jumps over the lazy dog
the quick brown fox jumps over the lazy dog
the quick brown fox jumps over the lazy dog
the quick brown fox jumps over the lazy dog
the quick brown fox jumps over the lazy dog
the quick brown fox jumps over the lazy dog
the quick brown fox jumps over the lazy dog
the quick brown fox jumps over the lazy dog
the quick brown fox jumps over the lazy dog
the quick brown fox jumps over the lazy dog
the quick brown fox jumps over the lazy dog
the quick brown fox jumps over the lazy dog
the quick brown fox jumps over the lazy dog
the quick brown fox jumps over the lazy dog
the quick brown fox jumps over the lazy dog
the quick brown fox jumps over the lazy dog
the quick brown fox jumps over the lazy dog

a b c d e f g h i j k l m

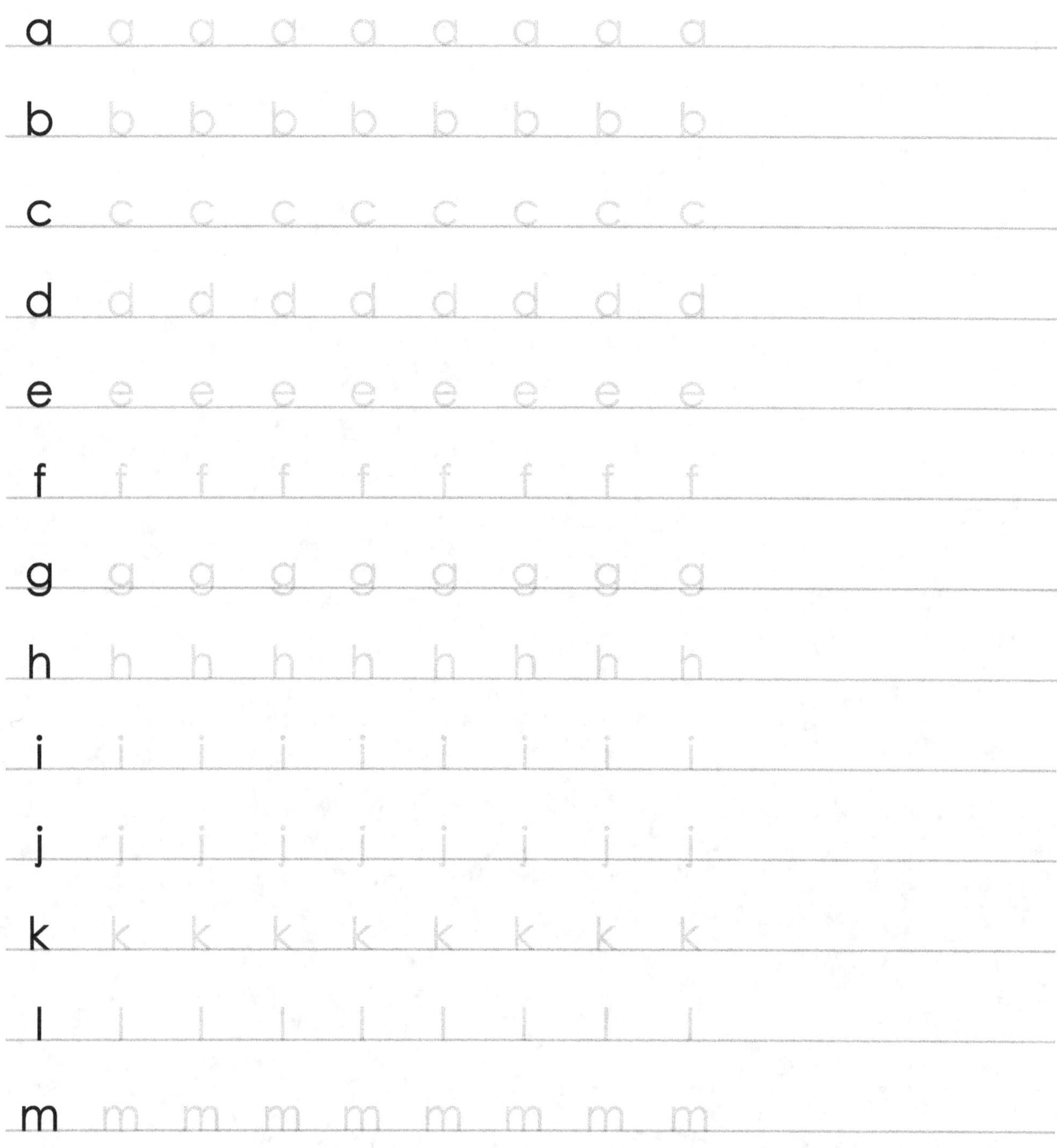

n o p q r s t u v w x y z

n
o
p
q
r
s
t
u
v
w
x
y
z

a b c d e f g h i j k l m

a

b

c

d

e

f

g

h

i

j

k

l

m

n o p q r s t u v w x y z

n

o

p

q

r

s

t

u

v

w

x

y

z

ABCDEFGHIJKLM

A   A   A   A   A   A   A   A   A   A

B   B   B   B   B   B   B   B

C   C   C   C   C   C   C   C   C

D   D   D   D   D   D   D   D   D

E   E   E   E   E   E   E   E   E

F   F   F   F   F   F   F   F   F

G   G   G   G   G   G   G   G

H   H   H   H   H   H   H   H   H

I   I   I   I   I   I   I   I   I   I

J   J   J   J   J   J   J   J   J   J

K   K   K   K   K   K   K   K

L   L   L   L   L   L   L   L   L   L

M   M   M   M   M   M   M   M   M

NOPQRSTUVWXYZ

N
O
P
Q
R
S
T
U
V
W
X
Y
Z

A B C D E F G H I J K L M

A

B

C

D

E

F

G

H

I

J

K

L

M

NOPQRSTUVWXYZ

N

O

P

Q

R

S

T

U

V

W

X

Y

Z

0 1 2 3 4 5 6 7 8 9

0 0 0 0 0 0 0 0 0 0

1 1 1 1 1 1 1 1 1 1

2 2 2 2 2 2 2 2 2 2

3 3 3 3 3 3 3 3 3 3

4 4 4 4 4 4 4 4 4 4

5 5 5 5 5 5 5 5 5 5

6 6 6 6 6 6 6 6 6 6

7 7 7 7 7 7 7 7 7 7

8 8 8 8 8 8 8 8 8 8

9 9 9 9 9 9 9 9 9 9

10 10 10 10 10 10 10 10 10 10

11 11 11 11 11 11 11 11 11 11

12 12 12 12 12 12 12 12 12 12

0123456789

0
1
2
3
4
5
6
7
8
9
10
11
12

0 1 2 3 4 5 6 7 8 9

0

1

2

3

4

5

6

7

8

9

10

11

12

0 1 2 3 4 5 6 7 8 9

0

1

2

3

4

5

6

7

8

9

10

11

12

the quick brown fox jumps over the lazy dog

the quick brown fox jumps over the lazy dog
the quick brown fox jumps over the lazy dog
the quick brown fox jumps over the lazy dog
the quick brown fox jumps over the lazy dog
the quick brown fox jumps over the lazy dog
the quick brown fox jumps over the lazy dog
the quick brown fox jumps over the lazy dog
the quick brown fox jumps over the lazy dog
the quick brown fox jumps over the lazy dog
the quick brown fox jumps over the lazy dog
the quick brown fox jumps over the lazy dog
the quick brown fox jumps over the lazy dog
the quick brown fox jumps over the lazy dog
the quick brown fox jumps over the lazy dog
the quick brown fox jumps over the lazy dog
the quick brown fox jumps over the lazy dog
the quick brown fox jumps over the lazy dog
the quick brown fox jumps over the lazy dog
the quick brown fox jumps over the lazy dog
the quick brown fox jumps over the lazy dog
the quick brown fox jumps over the lazy dog
the quick brown fox jumps over the lazy dog
the quick brown fox jumps over the lazy dog
the quick brown fox jumps over the lazy dog
the quick brown fox jumps over the lazy dog
the quick brown fox jumps over the lazy dog
the quick brown fox jumps over the lazy dog
the quick brown fox jumps over the lazy dog
the quick brown fox jumps over the lazy dog

abcdefghijklm

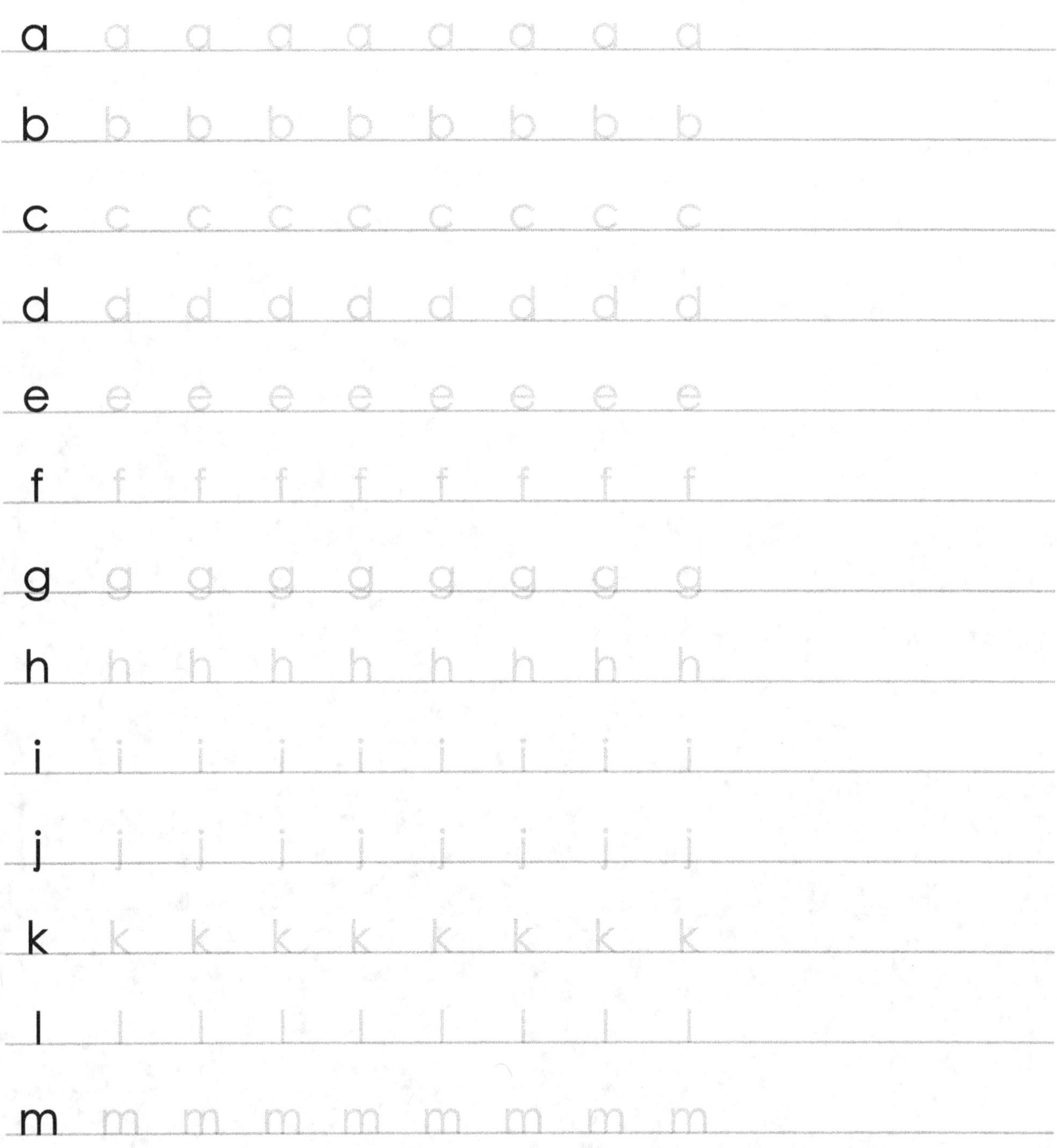

nopqrstuvwxyz

n n n n n n n n n n n

o o o o o o o o o o o

p p p p p p p p p p p

q q q q q q q q q q q

r r r r r r r r r r r

s s s s s s s s s s s

t t t t t t t t t t t

u u u u u u u u u u u

v v v v v v v v v v v

w w w w w w w w w w w

x x x x x x x x x x x

y y y y y y y y y y y

z z z z z z z z z z z

a b c d e f g h i j k l m

a

b

c

d

e

f

g

h

i

j

k

l

m

n o p q r s t u v w x y z

n

o

p

q

r

s

t

u

v

w

x

y

z

A B C D E F G H I J K L M

A
B
C
D
E
F
G
H
I
J
K
L
M

N O P Q R S T U V W X Y Z

N N N N N N N N N N

O O O O O O O O O O O

P P P P P P P P P P

Q Q Q Q Q Q Q Q Q Q

R R R R R R R R R R

S S S S S S S S S S

T T T T T T T T T T T

U U U U U U U U U U U

V V V V V V V V V V V

W W W W W W W W W W

X X X X X X X X X X

Y Y Y Y Y Y Y Y Y Y

Z Z Z Z Z Z Z Z Z Z Z

ABCDEFGHIJKLM

A

B

C

D

E

F

G

H

I

J

K

L

M

N O P Q R S T U V W X Y Z

N

O

P

Q

R

S

T

U

V

W

X

Y

Z

0 1 2 3 4 5 6 7 8 9

0 0 0 0 0 0 0 0 0 0

1 1 1 1 1 1 1 1 1 1

2 2 2 2 2 2 2 2 2 2

3 3 3 3 3 3 3 3 3 3

4 4 4 4 4 4 4 4 4

5 5 5 5 5 5 5 5 5

6 6 6 6 6 6 6 6 6

7 7 7 7 7 7 7 7 7

8 8 8 8 8 8 8 8 8

9 9 9 9 9 9 9 9 9

10 10 10 10 10 10 10 10 10

11 11 11 11 11 11 11 11 11

12 12 12 12 12 12 12 12 12

0 1 2 3 4 5 6 7 8 9

0 0 0 0 0 0 0 0 0

1 1 1 1 1 1 1 1 1 1

2 2 2 2 2 2 2 2 2

3 3 3 3 3 3 3 3 3

4 4 4 4 4 4 4 4 4

5 5 5 5 5 5 5 5 5

6 6 6 6 6 6 6 6 6

7 7 7 7 7 7 7 7 7

8 8 8 8 8 8 8 8 8

9 9 9 9 9 9 9 9 9

10 10 10 10 10 10 10 10 10

11 11 11 11 11 11 11 11 11

12 12 12 12 12 12 12 12 12

0 1 2 3 4 5 6 7 8 9

0

1

2

3

4

5

6

7

8

9

10

11

12

0 1 2 3 4 5 6 7 8 9

0

1

2

3

4

5

6

7

8

9

10

11

12

the quick brown fox jumps over the lazy dog

the quick brown fox jumps over the lazy dog
the quick brown fox jumps over the lazy dog
the quick brown fox jumps over the lazy dog
the quick brown fox jumps over the lazy dog
the quick brown fox jumps over the lazy dog
the quick brown fox jumps over the lazy dog
the quick brown fox jumps over the lazy dog
the quick brown fox jumps over the lazy dog
the quick brown fox jumps over the lazy dog
the quick brown fox jumps over the lazy dog
the quick brown fox jumps over the lazy dog
the quick brown fox jumps over the lazy dog
the quick brown fox jumps over the lazy dog
the quick brown fox jumps over the lazy dog
the quick brown fox jumps over the lazy dog
the quick brown fox jumps over the lazy dog
the quick brown fox jumps over the lazy dog
the quick brown fox jumps over the lazy dog
the quick brown fox jumps over the lazy dog
the quick brown fox jumps over the lazy dog
the quick brown fox jumps over the lazy dog
the quick brown fox jumps over the lazy dog
the quick brown fox jumps over the lazy dog
the quick brown fox jumps over the lazy dog
the quick brown fox jumps over the lazy dog
the quick brown fox jumps over the lazy dog
the quick brown fox jumps over the lazy dog
the quick brown fox jumps over the lazy dog

Practice makes perfect. After a
long time of practicing, our work
will become natural, skillful, swift,
and steady.

- Bruce Lee